現地取材！日本の国土と人々のくらし ❷

寒い土地のくらし

北海道

もくじ

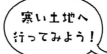
⑤北海道の歴史

寒い土地へ
行ってみよう!

HOW TO USE

 # この本の使いかた

本文中に【➡P.22】【➡8巻】とある場合、関連する内容が別のページやほかの巻にあることを示しています。

グラフや表では、内訳をすべてたし合わせた値が合計の値にならないことがあります。また、パーセンテージの合計が100%にならない場合があります。これは数値を四捨五入したことによる誤差です。

データのランキングや生産量などは、数値が非公開となっている項目は考えずに作成している場合があります。

 ## この本にでてくるマーク

コラム　読むとちょっとものしりになれるコラムを紹介しています。

 とりあげたテーマについて、くわしい人に話を聞いています。

**三元豚*
にくらべ**　だいじな用語やとりあげた内容について、役立つ情報を補足しています。

はじめに

　北海道は日本で2番目に大きな島です。道庁所在地のある西の札幌から東の釧路までは距離にして約300kmあります。これは東京と名古屋（愛知県）のあいだの距離と同じくらいです。また、北海道はオホーツク海、太平洋、日本海にかこまれていて、沿岸部と内陸部では気候もちがいます。

　豊かで雄大な自然は、北海道の魅力で、国内外から多くの観光客がやってきます。また、食料自給率が高くない日本で、多くの農作物の生産で上位にある北海道は、日本の食料基地にもなっています。石狩平野などでは稲作が、十勝平野では豆類が（左ページの写真左下）、根釧台地では酪農がさかんです。

　そのいっぽうで、冬の寒さや泥炭質の土壌、広大な湿地帯など、人間が生活するにはきびしい環境でした。いまの北海道があるのは、先住民族であるアイヌと、入植し、開拓しつづけてきた人々のたゆまぬ努力の結果ともいえます。

　左上の写真はオホーツク海の流氷とそのなかをすすむ網走の観光船です。流氷は日本ではオホーツク海に面した一帯でしか見られない、冬の名物です。右上の写真は、十勝の馬追運動です。春に出産をひかえた重種馬（古くは農耕に使われていた馬）の冬の運動不足を解消するために、雪のなかを走らせます。右下の写真は帯広市の小学校です。雪の少ないこの地域では、冬のあいだ、校庭にスケートリンクをつくってスケート授業をするところもあります。きびしい冬とじょうずにつきあっていることがわかります。

　それでは、これから北海道ではどのようなくらしかたをしているのか、見てみましょう。

國學院大學　山本健太

① 北海道の気候と地形

日本のいちばん北にある北海道は、一年をとおしてすずしく、梅雨や台風の影響をうけにくいところです。北海道の気候と地形を、調べてみましょう。

北海道はどこにある？

日本の北のはしにある大きな島

東京国際空港（羽田空港）から飛行機で約1時間30分。約820kmはなれた新千歳空港に到着します。

日本の北のはしにある北海道は本島と1472の島々からなります。面積は合わせて8万3421km²*で、九州のおよそ2倍、日本の国土の約22％を占めます。

北海道は北緯41度〜45度のあいだにかけてあります。日本では北のはしですが、アメリカのシカゴやイタリアのミラノなどとほぼ同じ緯度にあります。

いちばんの特徴は、夏はすずしく冬は寒さがひじょうにきびしいことです。ま

た、ほかの地域とくらべて梅雨や台風の影響をうけにくいため、1年間の降水量は多くありません。

北海道では桜の開花も東京にくらべて遅くなります。北海道の南にある函館市で4月の終わりごろ、北のはしの稚内市で5月中旬ごろになります。

行政や経済の中心となっているのは札幌市で、現在、約196万人（2023年10月1日現在）もの人がくらしています。また、1972（昭和47）年にはアジアで初の冬季オリンピックが開催されました。

*国土地理院「令和5年全国都道府県市区町村別面積調」による。

▲ 宮の森ジャンプ競技場 1972年の札幌冬季オリンピックで使用されたジャンプ台。観光地としても人気。

▲ 札幌市の大通公園 市の中心部にあり、市民のいこいの場になっている。冬は「さっぽろ雪まつり」の会場になる。

国土の北のはしにある北海道

北海道は隣国のロシア連邦に日本一近い島である。面積が広いため北海道の行政の出先機関である総合振興局と振興局を基準として道北、道東、道央、道南と大きく4つにわけることができる。

80年近く解決しない領土問題

　隣国のロシア連邦とのあいだには、太平洋戦争が終わってから約80年がすぎたいまでも領土問題をかかえています。択捉島、国後島、色丹島、歯舞群島は日本固有の領土（北方領土）ですが、1945（昭和20）年からソビエト連邦が占領し、その後もソビエト連邦の政治的地位を引きついだロシア連邦が不法に占領を続けています。日本政府はねばり強く返還の交渉を続けています。

ロシア連邦

樺太
（サハリン）

礼文島

稚内

利尻島

オホーツク海

択捉島

国後島

北方領土

日本海

道北

色丹島

奥尻島

道央

札幌市

道東

歯舞群島

大島

道南

新千歳空港

函館

太平洋

津軽海峡

むずかしい名前の島がたくさんあるね

7

北海道ってどんな土地？

3つの海にかこまれた自然豊かな島

　太平洋、日本海、オホーツク海にかこまれた、日本で2番目に大きな島。それが北海道です。中央には標高2000mをこえる石狩山地がそびえ、その北側には北見山地、南側には日高山脈が連なっています。北海道には2000（平成12）年に噴火した有珠山をはじめ、活火山【➡7巻】が31あります。屈斜路湖や摩周湖、阿寒湖などは火山の噴火によってできた湖です。

　右の図は「土地利用図」とよばれる、土地の使われかたを色わけして示した地図です。北海道の約半分は山地ですが、残りの平らな土地を人々がさまざまな方法で利用しています。

　赤は、たてもの用地です。たてものが密集するようすから、札幌市や旭川市、帯広市、釧路市などに人口が集中していることがわかります。黄色は、田んぼです。石狩川沿いや上川盆地で稲作がさかんにおこなわれているようです【➡P.29】。

　緑は森林です。北海道の森林面積は554万ha（2022年現在）で全国の約22%を占めています。

　十勝平野【➡P.30～35】や根釧台地には、畑地や牧場などの農用地が広がっています。根釧台地にはパイロットファーム＊からはじまった大規模農場が多くあります。根釧台地にある格子状防風林は幅180m、総延長648kmもあります。宇宙から撮影された写真にも写っていた大規模なものです。

＊太平洋戦争後に、日本の復興策のひとつとして世界銀行の融資によっておこなわれた計画。大型機械をつかって原野を開拓し、短期間で理想的な酪農家をつくろうとした。

北海道の土地の使われかた

◎国土交通省発表の土地利用細分メッシュデータ（令和3年度）から作成。判読できない一部の土地利用については凡例からのぞいた。海流は、帝国書院の令和4年発行中学校社会科地図（気象庁ほか、区分は日下博幸・佐藤亮吾による）を参考に作成。

日本海
旭川市
石狩川
札幌市
洞爺湖
▲
有珠山
暖流

▲ **根釧台地の格子状防風林** 中標津町や別海町、標津町などには、防風林が格子状に広がる。

▲ **上川盆地の水田** 上川盆地は、北海道有数の米どころである。「ゆめぴりか」【➡P.29】は写真の比布町で生まれた。

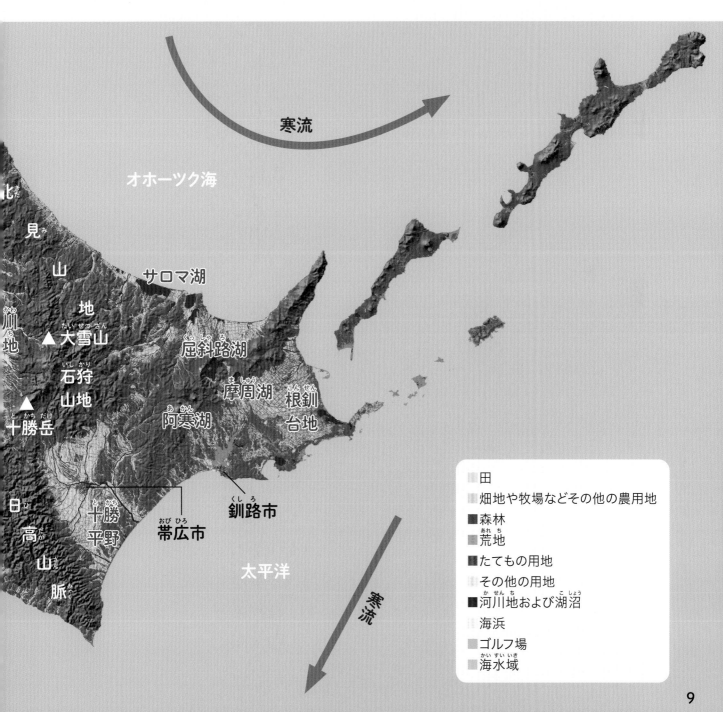

寒流

オホーツク海

北見山地

サロマ湖

▲大雪山

石狩山地

▲十勝岳

上川盆地

屈斜路湖

摩周湖

阿寒湖

根釧台地

釧路市

帯広市

十勝平野

日高山脈

太平洋

寒流

凡例：
- 田
- 畑地や牧場などその他の農用地
- 森林
- 荒地
- たてもの用地
- その他の用地
- 河川地および湖沼
- 海浜
- ゴルフ場
- 海水域

北海道の気候の特徴は?

▲ 札幌市の冬の風景 北海道の冬の寒さはきびしく、氷点下になる日も多い。

冬は氷点下になる寒さ

「北海道の気候」の特徴は、夏はすずしく冬の寒さがきびしいことです。札幌市と東京（千代田区）の気候をくらべてみると、冬はおよそ8.3℃、夏はおよそ4.6℃の差があります。緯度が高いことにくわえ、ユーラシア大陸からの季節風の影響をうけやすすく冷たい空気が流れこみやすいことがおもな理由です。しかし、札幌市も東京も地球温暖化と都市化の影響で、近年の気温はあがっています。

日本のほかの地域にくらべると、梅雨や台風の影響をうけにくいため、夏の降水量がそれほど多くならないことも特色のひとつです。

札幌（札幌市）と東京（千代田区）の月平均気温と月別降水量

◎気象庁発表の平年値（1991年〜2020年の平均値）から作成。

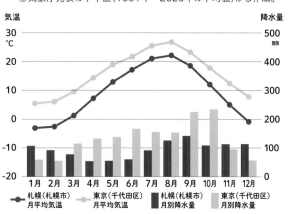

比較する気象観測所の位置

③オホーツク海側
①日本海側
留萌
石狩山地
網走
札幌
帯広
②太平洋側

留萌（留萌市）、網走（網走市）、帯広（帯広市）の月平均気温と月別降水量

◎気象庁発表の平年値（1991年〜2020年の平均値）から作成。

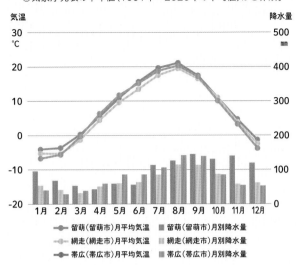

凡例：
- ●留萌（留萌市）月平均気温　■留萌（留萌市）月別降水量
- ●網走（網走市）月平均気温　■網走（網走市）月別降水量
- ●帯広（帯広市）月平均気温　■帯広（帯広市）月別降水量

留萌（留萌市）、網走（網走市）、帯広（帯広市）の月別降雪量

◎気象庁発表の平年値（1991年〜2020年の平均値）から作成。

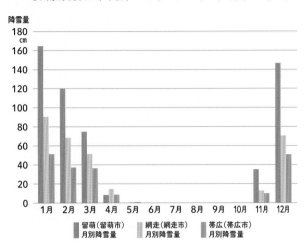

凡例：
- 留萌（留萌市）月別降雪量
- 網走（網走市）月別降雪量
- 帯広（帯広市）月別降雪量

北海道の気候の多様性

　北海道は、日本の総面積の5分の1ほどを占める広さがあります。そのため「北海道の気候」は①日本海側②太平洋側③オホーツク海側の3か所で少しずつ異なります。そのちがいを見ていきましょう。

　冬になるとユーラシア大陸から日本に向かってかわいた冷たい季節風【➡3巻】がふいてきます。季節風は日本海を流れる対馬海流の上空をとおるとき、あたたかい海面から大量の熱や空気をとりこみ、雪を降らせる雲をつくります。その影響で日本海側の留萌市では雪が降りやすく、日照時間も少なくなります。いっぽうで、太平洋側の帯広市では雪雲が流れこみにくく、晴れる日が多くなります。オホーツク海側の網走は、その中間的な特色をもちます。

北海道の冬（12月〜2月）の累積降雪量

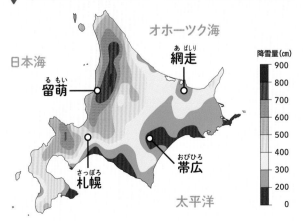

◎平年値（1991年〜2020年の平均値）から気象庁が作成した図を加工して作成。

北海道の冬（12月〜2月）の日照時間（合計）

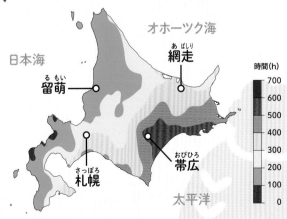

◎平年値（1991年〜2020年の平均値）から気象庁が作成した図を加工して作成。

災害をおこすこともある大自然

▲ 有珠山の噴火 2000(平成12)年におきた有珠山噴火。この2000年の噴火までに、20年から30年の周期で噴火をくりかえしている。

道民みんなでとりくむ防災

北海道では、豊かな自然から多くの恵みをうけて人々がくらしています。しかし、自然はときに災害を引きおこします。1923年～2023年の100年を見ても、火山の噴火、地震、津波、竜巻、水害、雪害など、大きな被害をもたらした災害が多数おきています。

広い北海道では、地域ごとにおきやすい災害があります。そこで北海道では、『ほっかいどうの防災教育』など防災のための教本をつくり、道庁を中心に市町村や学校で「1日防災学校」という体験学習をおこなってます。こうした教育により、災害から命を守るために準備しておくこと、知っておきたい自然現象のしくみや考えられる災害の規模などを学ぶのです。

◀ 地震で崩れた山 2018(平成30)年の北海道胆振東部地震では、北海道中部にある厚真町の山があちこちで崩れた。

▶ 竜巻がとおったあと 写真の右上から左下にかけてたてものが壊れ、土が削られている。2006(平成18)年11月に佐呂間町でおきた竜巻のあとだ。

▲ 洞爺湖有珠山ジオパークの減災教育 ジオパークでは1977(昭和52)年の有珠山噴火についてなど小学生たちに向けて、減災教育をおこなっている。

北海道でおきたおもな災害

1923（大正12）年から2023（令和5）年の約100年間に、北海道に大きな被害をもたらした災害の歴史をまとめました。

地震・津波

年月	災害名	マグニチュード	道内での被害状況等〈単位：人、棟、隻〉
1933年（昭和8年）3月	昭和三陸沖地震津波	M8.1	太平洋沿岸大津波、死者13、住宅倒壊、漁船流出・破損206
1940年（昭和15年）8月	積丹半島沖地震	M7.5	日本海沿岸津波、天塩で死者10、漁船全壊・流出214
1952年（昭和27年）3月	昭和27年十勝沖地震	M8.2	太平洋側一帯被害大、津波、死者28、住宅全壊815
1960年（昭和35年）5月	チリ地震津波	M9.5	太平洋沿岸一帯大津波、死者8、行方不明者7、住宅浸水3067
1968年（昭和43年）5月	昭和43年十勝沖地震	M7.9	北海道南西部で被害大、津波、死者2、函館大学の1階が圧壊、たてもの全半壊106
1982年（昭和57年）3月	浦河沖地震	M7.1	日高地方被害、小津波、重軽傷者167、住宅全壊13、橋が破損
1983年（昭和58年）5月	日本海中部地震	M7.7	渡島、檜山、奥尻島に大津波、死者4、漁船沈没流出222
1993年（平成5年）1月	釧路沖地震	M7.8	釧路で死者2、負傷者966、住宅全半壊307、一部破損5311
1993年（平成5年）7月	北海道南西沖地震	M7.5	津波による被害大、死者201、行方不明者28、住宅全半壊1009、船舶の沈没流出676
1994年（平成6年）10月	北海道東方沖地震	M8.2	根室、釧路地方を中心に被害、負傷者436、住宅全壊61、半壊348
2003年（平成15年）9月	平成15年十勝沖地震	M8.0	死者1、行方不明者1、重傷者68、軽傷者779、住宅全半壊484、コンビナートタンク火災
2011年（平成23年）3月	東北地方太平洋沖地震（東日本大震災）	M9.0	死者1、軽傷者3、住宅半壊4、一部損壊7
2018年（平成30年）9月	平成30年北海道胆振東部地震	M6.7	死者44人、負傷者785人、全壊491、半壊1816、一部破損4万7105

火山の噴火

年月	火山名	道内での被害状況等〈単位：人、棟〉
1926年（大正15年）5月	十勝岳	小噴火、中央火口丘が崩壊し大規模な融雪泥流が発生、上富良野などで死者・行方不明者144、たてもの被害372
1929年（昭和4年）6月	北海道駒ヶ岳	大爆発、火砕流発生、広域に多量の軽石と火山灰が降る。死者2、住宅全半壊・埋没など1915
1962年（昭和37年）6月	十勝岳	36年ぶりに大爆発、噴煙高1万2000m、広域に火山灰が降る。死者4、行方不明者1、負傷者12
1977年（昭和52年）8月	有珠山	大噴火。噴煙の高さ1万2000mに達し、広域に火山灰が降る。翌年の泥流で死者・行方不明者3
2000年（平成12年）3月	有珠山	小噴火。北西麓で60個以上の火口開口、熱泥流発生、1万2000人以上の住民が事前に避難、住宅被害850

風水害

年月	災害名	道内での被害状況等〈単位：人、棟、隻〉
1947年（昭和22年）9月	カスリン台風	死者10、行方不明者1、住宅倒壊33、流失20
1948年（昭和23年）9月	台風	死者7、漁船遭難多数
1954年（昭和29年）7月	洞爺丸台風	人的損害1600余、全壊住宅5987、青函連絡船（洞爺丸含む）沈没5
1958年（昭和33年）7月	台風第11号	三陸沖より厚岸付近通過、死者7、行方不明者2、負傷者8、住宅破壊13
1958年（昭和33年）9月	狩野川台風	太平洋沿岸を東進し道東に上陸、死者8、行方不明者26、負傷者41、全壊住宅146
1965年（昭和40年）9月	台風第23号、第24号	強雨による河川の増水氾濫、死者5、行方不明者1、負傷者10、住宅全半壊182
1966年（昭和41年）6月	台風第4号	三陸沖を通過した台風、死者5、行方不明者17、住宅全壊1
1979年（昭和54年）10月	台風第20号	北海道全域で暴風雨、大雨。死者・行方不明者など72、負傷者10、たてもの・住宅全壊14
1981年（昭和56年）8月	台風第12号（56水害）	死者8、重傷者5、軽傷者9
1981年（昭和56年）8月	台風第15号（56水害）	死者2、重傷者12、軽傷者42
1981年（昭和56年）9月	台風第18号	台風第18号から変わった低気圧と前線、道南・道央で被害、死者9、重傷者2、軽傷者3
2003年（平成15年）8月	台風第10号	日高地方を中心とした豪雨、死者10、行方不明者1、住宅全壊16・半壊8
2004年（平成16年）9月	台風第18号	北海道全域で暴風などによる被害、死者10、負傷者336、住宅全壊10・半壊252
2006年（平成18年）11月	佐呂間町で発生した竜巻	突風による住宅損傷や人的被害が発生、死者9、重傷者6、軽傷者25、住宅全壊7・半壊7
2016年（平成28年）8月・9月	平成28年8月から9月にかけての大雨等災害	死者4名、行方不明者2名、重傷者2名、住宅全壊39・半壊113・一部損壊1125

雪害

年月	災害名	道内での被害状況等〈単位：人、棟〉
2004年（平成16年）1月	北見地方の豪雪	オホーツク海側での猛吹雪、北見地方では記録的な大雪、死者1、重傷者2、軽傷者7
2005年（平成17年）12月～2006年（平成18年）3月	平成18年豪雪	日本海側での記録的な大雪、死者18、負傷者402、住宅全壊1
2011年（平成23年）1月	雪害（空知地域）	死者3、重傷者18、軽傷者35、住宅一部損壊25
2013年（平成25年）3月	暴風雪	猛吹雪によりオホーツク、根室管内を中心に被害、死者9、負傷者13、住宅半壊2

◎『ほっかいどうの防災教育"知識編"』（編集・発行：北海道, 2014年初版2022年改訂）から作成

②北海道の生きもの

北海道には、本州より南の地方にいる動物とはちがう動物が多く生息しています。どのような動物が北海道でくらしているのでしょうか。

北海道にはなぜ
ツキノワグマがいない？

▲ 津軽海峡 海上から函館方面を見たところ。海面に白波が立っていることからわかるように、風が強く海流も速い。

津軽海峡が境界線

日本にはエゾヒグマとニホンツキノワグマの2種類のクマがいます。ツキノワグマは、日本では本州と四国に生息していて北海道にはいません。ヒグマは、日本では北海道だけに生息しています。

なぜ、ちがうのでしょうか。目を世界に広げてみると、ツキノワグマは温暖な南の地域に、ヒグマは北の寒冷地に生息しています。このことから動物学者は、ツキノワグマは南から日本に来て、ヒグマは北海道の北から来たのではないかと考えています。そして、水深が深くて海流も速い津軽海峡を、ヒグマもツキノワグマも渡れなかったのです。仮に渡ったとしても、ツキノワグマがすむには北海道は寒く、ヒグマには本州は暑かったので、生きるのは難しかったと思われます。

津軽海峡のように動物の種類が変わる境を、動物地理境界線といいます。津軽海峡は、有名な動物地理境界線のひとつです。そのちがいに気づいたイギリス人の名前から、ブラキストン線ともよばれています。ただ、キツネやタヌキのように、どちらにも生息している動物もいます。

ブラキストン線による動物のちがい

日本列島は南北に長く、島々は海峡でわけられていますが、そのうちの津軽海峡を境に動物の種類（動物相）がちがってきています。

津軽海峡より 北にしかいない動物

◀ **エゾナキウサギ** 大雪山など、ごく限られた地域に生息する。低地から高山の湿った岩場が生活の場。

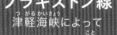

ブラキストン線
津軽海峡によって生息する動物相が異なる。

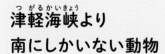

津軽海峡より 南にしかいない動物

▲ **ニホンノウサギ** 本州・四国・九州に分布し、草原や牧場, 明るい林などに生息する。日本固有の種。夜行性で用心深い。

▲ **ニホンイノシシ**

▲ **エゾヒグマ** 日本に生息する陸のほ乳類で最大の種。雑食性で植物や昆虫、魚、シカなどを食べる。

▲ **エゾリス** 北海道の平地から亜高山帯【➡6巻】までの森林に生息。冬も活動するため、秋に木の実を地面に埋めておく習性がある。

▲ **エゾシマリス** 北海道全域に生息する。本州以南にいるシマリスは別種。おもに森に住み昼間だけ活動。冬は冬眠をする。

▲ **ニホンツキノワグマ** 夜行性だが、果実のある季節は昼間に活動することもある。雑食性だが、どちらかというと植物を好む。

▼ **ニホンザル**

▲ **ニホンリス** 体長16〜22cmほど。おもに木の上で生活をしており、朝と夜に活動する。

▲ **ニホンカモシカ**

③北海道のくらし

冬の寒さがきびしい北海道で、人々はどのような生活をしてきたのでしょうか。「家づくり」「野生生物との共存」「交通の変化」「小学校の授業」「郷土料理」をテーマに調べてみましょう。

寒さを防ぐ家のくふうとは?

◀ アイヌ民族の家「チセ」 入り口のところに少し屋根が低く小さな部屋がつくられている。これが「セム」とよばれる部屋だ。

▼ チセの内部 部屋のほぼ中央にいろりがあり、奥に窓がある。窓はカムイ（神）の出入り口のため、外から窓をのぞくことは禁じられた。

アイヌ民族がくらしていた「チセ」

アイヌ民族【➡P.40】の伝統的な住まいを「チセ」といいます。チセの床は地面をかためた土間ですが、その上に草を敷きつめ、ゴザを敷いています。間取りはひと部屋で、中央にいろりがつくられています。

いろりの熱は部屋の空気だけではなく、土の床そのものもあたためたので、床暖房のような効果がありました。また、チセの壁や屋根は、ヨシやススキ、ササなど、土地に生えている植物を使い、壁にゴザをはることで、断熱材と同じように部屋から

あたたかい空気を逃がさないくふうをしました。そのため、きびしい冬の寒さに負けずにくらすことができたのです。

さらに時代がすすむと、入り口のところにセムという部屋をつけるようになりました。セムは、冬に外の冷たい空気が部屋に直接入ってくるのを防ぐためのものです。また、農具や生活の道具が置かれ、物置としても使われていました。現代の北海道でも、玄関の外側にガラスなどでかこいをした「風除室」【➡P.18】をつけた家がありますが、これもセムと同じ効果を求めてつくられたものです。

▲ **明治時代の北海道の家** 札幌市「北海道開拓の村」に展示されている「旧岩間家農家住宅」の内部。風とおしのよさはよくわかるが、きびしい冬の寒さには向いていない家だった。

昭和までつづいた寒すぎる住宅

　明治時代（1868～1912年）に、開拓者【➡P.45】として北海道にやってきた和人【➡P.40】は、それぞれの出身地の一般的な家のたてかたで家をつくりました。けれども本州より南の家は、夏の暑さをしのぐことを考えて風とおしのよいつくりだったので、北海道のきびしい寒さには適していませんでした。いろりやストーブがある部屋以外は、外にいるような寒さだったといいます。

　そのような家づくりは、1953（昭和28）年に国が法律をつくり、北海道の気候に合わせた防寒住宅の建設がはじまるまでつづきました。工業製品の断熱材が使われるようになると、寒さに強い家がつくられるようになります。しかし、まだ断熱材の使いかたがくふうされていなかったため、部屋や壁のなかで露とよばれる水滴が大量にできてしまいます。すると柱や床がくさったり壁にカビが出たりするようになり、不衛生で長持ちしない家が増えるという問題がおきました。

▲ **旧岩間家農家住宅** 宮城県の武士の移民団の一員として、1871（明治4）年に北海道に入った畑作農家。たてものは1882（明治15）年に、ふるさとの大工によってたてられた。

北方型住宅とは？

じょうぶであたたかい家づくり

北海道では、1988（昭和63）年から、企業や大学、道庁が協力して気候風土に合わせて断熱性能と気密性能を高めた「北方型住宅」の開発にとりくんでいます。30年以上にわたる研究で、断熱性能が進化しました。このため、玄関の前に小さな部屋をつくる必要がなくなるなど、家のデザインのくふうも広がっています。技術の進化にくわえて、自然にやさしく美しい町づくりまで考えた家が「北方型住宅」です。2011（平成23）年に完成した住宅を見ながら、そのくふうを見てみましょう。

■北海道の気候風土に調和した北方型住宅

薪ストーブの煙突 夏にクーラーを使うことが少ない北海道では、暖房にエアコンを使う家は少ない。しっかりとした断熱や床下暖房のおかげで、室内の暖房機は薪ストーブひとつですむ。

床下暖房 外からとりいれた空気を床下の暖房器具であたため、家全体にあたたかい空気を送る。

風除室 玄関の前をおおうようにつくられた風除室。外から風や雪が、直接家のなかに入らないくふう。

風除室がない玄関 上のイラストの反対の道路側につくられた玄関。断熱性能が進歩したため、玄関の前に小さな部屋をつくる必要がなくなった。

見えないところに
くふうがいろいろ
あるんだね

雪が落ちない屋根 防水をした平らな屋根にすることで、屋根から雪が落ちるのと、つららができるのを防いで、家が長もちするくふうをしている。とけた雪は屋根の排水口から雨水管で外に流す。

木製の外壁 外壁に道南杉を使って、町並みに美しくとけこむデザイン。

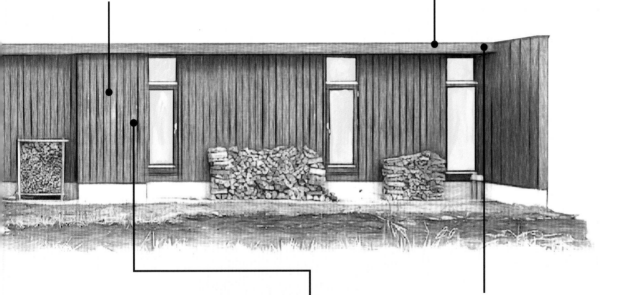

家をまるごと断熱 断熱材（オレンジの部分）に防湿シート（透明なシート）をはって、室内から出る水蒸気や湿気から、断熱材や木材を守る。家は、下の基礎（コンクリートの部分）から木造部分をすべて断熱材で包んでいる。また、断熱材と外壁のあいだと窓枠の周囲には空気のとおり道をつくることで、壁のなかの湿度を低くしている。

庇や軒で日差しを調整 設計するときに、夏の日ざしは部屋に入らないように、冬は奥まで入るように計算して、庇や軒の角度や長さを調整する。この家は、軒が庇を兼ねたデザインにすることで、窓を大きくした。

▲ **エゾリスのアニマルパスウェイ** 帯広市（おびひろし）に設置（せっち）されたアニマルパスウェイ。

動物たち専用の横断歩道（せんよう おうだんほどう）

　帯広市（おびひろ）には、アニマルパスウェイとよばれる生きもの専用（せんよう）の道があります。木の上でくらすエゾリス【➡P.15】が道路を横断（おうだん）するときに車に轢（ひ）かれないようにと、帯広市（おびひろし）などが中心となって2019（令和元）年につくられました。全国には10基（き）ほどあります。

　アニマルパスウェイは、エゾリスが足を引っかけて歩きやすいように、金網（かなあみ）をはったつくりになっています。また、ほかの小型（こがた）の動物たちも使えるようにしていて、ときおり、モモンガが使うことも期待されています。

　野生動物の生態（せいたい）を研究している浅利（あさり）裕伸先生（ゆうしん）【➡P.21】は、アンダーパスという動物たちのとおり道をつくっています。道路の下にトンネルを掘（ほ）り、エゾシカやキタキツネが安全に道路をこえることができるものです。動物の特性（とくせい）に合わせて、さまざまなくふうをしています。

▼ **モモンガ専用のアニマルパスウェイ** トンネルのなかに丸太をはりつけている。

▶札幌市の繁華街でごみ収集車に集まるカラス 札幌市のカラスは、集団でごみ収集車を追いかけるなど、東京などほかの都市とはちがったようすを見せる。行動が大胆で、人との距離も近い。

人とカラスの共存をめざす札幌市

札幌市の繁華街、すすきのの通りでは、ごみ収集車をカラスが集団で追いかけ、残飯などをさらっていく光景が見られます。カラスの生態を研究している、NPO法人札幌カラス研究会の中村眞樹子さんは、カラスは収集車を食べものがある器として見ているのではと考えています。

札幌市に生息するカラスは約3500羽もいてふだんから町のなかに縄張りをつくってくらしています。札幌市のカラスは、人がすぐそばまで寄っても逃げませんが、カラスは「鳥獣の保護及び管理並びに狩猟の適正化に関する法律」が適用される、野生動物です。むやみに駆除することがないよう、札幌市は市民にカラスの生態を理解してもらえるようにつとめています。

 インタビュー

野生動物と人との共存の道は手探りです

帯広畜産大学
環境農学研究部門
環境生態学分野 准教授
浅利裕伸 さん

北海道では、人に危害を加える動物はヒグマくらいです。ヒグマもふつうに生活をしていれば人を襲うことは決して多くありませんし、住民はヒグマの存在をそれほど気にとめません。ただ、エゾシカやヒグマによる農業被害となると事情は異なります。

北海道全体で、1年間にシカだけで約40億円の農業被害があります。野生動物による農業被害のほとんどを北海道が占めていて、減少する気配がみられません。野生動物を守ってきたためなのですが、ヒグマの個体数が増えると、必然的に生息域も広がってしまいます。

たくさんの特急列車が走るJR石勝線や根室本線、石北本線では、線路にエゾシカやヒグマが現れ、列車が汽笛を鳴らすことが少なくありません。道東自動車道ではエゾシカが道路に出てくることもあるため、まわりに気を配りながら運転しています。野生動物と人の共存の道は手探りといえます。

（2023年9月取材）

北海道のくらしを支える乗りものは？

▲ **ＪＲ函館本線** 北海道の観光地として有名な大沼国定公園の大沼のそばを走る。

自家用車と都市間バスが大活躍

　土地が広大な北海道では、自家用車が普及したことで、おもな交通手段は自動車になりました。たとえば札幌から釧路までは、道央自動車道を使って約300km、約4時間の距離です。これは、東京と名古屋（愛知県）を結ぶ距離に相当しますが、北海道では自動車を持っている人ならば高速道路を使って移動してしまいます。

　もちろん、札幌、釧路、網走、帯広、旭川、函館などの主要都市間においては、鉄道や都市間バスの路線がたくさんあります。新千歳空港や丘珠空港を発着し、道内各地を結ぶ航空路線も充実しています。

　ただし、鉄道は、存続の危機にある路線が多いといえます。ＪＲ北海道が2023（令和5）年4月に発表した前年度の損益は、572億円の赤字でした。赤字をかかえる要因はいくつもあります。人口が少ない地域を走る路線が多いこと、冬のあいだの除雪費や線路の保線の費用がきわめて多くなることなどです。また、近年は電車を走らせるための電気代の高騰や、ディーゼル列車を走らせる軽油の値あがりなども影響しています。

　2016（平成28）年、ＪＲ北海道は営業路線の約半分にあたる10路線13線区をＪＲ北海道1社で維持することは難しいと公表しました。人口減少や少子高齢化がすすむなかで、北海道の公共交通機関は課題を多くかかえています。

✏ 移動を助ける飛行機・都市間バス・鉄道・船

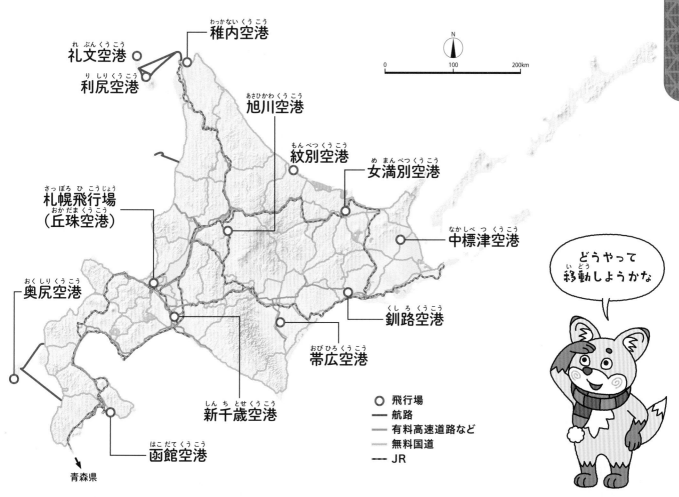

稚内空港
礼文空港
利尻空港
旭川空港
紋別空港
女満別空港
札幌飛行場
（丘珠空港）
中標津空港
奥尻空港
釧路空港
帯広空港
新千歳空港
函館空港
青森県

どうやって
移動しようかな

N
0　100　200km

○　飛行場
―　航路
―　有料高速道路など
―　無料国道
┄　JR

▲ 北海道中央バスの高速バス　現在、北海道で都市間を移動するには、高速バスも利用されている。

▲ 利尻空港　面積が広い北海道には、13の空港がある。最大の空港は、国内線と国際線が発着する新千歳空港だ。

▲ **古くからつづく校庭のスケート授業** この児童たちのなかから、オリンピック選手が誕生するかもしれない。

小学校ではじまったスケート授業

　帯広市は降水量が少ないため、雪の降る日もあまり多くありません。しかし、寒さがきびしく、すぐに氷ができるため帯広市の小学校では、冬にスキー授業ではなくスケート授業がおこなわれます。

　12月〜2月の月平均気温が0℃を下まわる帯広市では、校庭に水をまけばすぐに氷になって、スケートリンクをつくることができます。スケートリンクは、冬休み中の1月はじめに校庭に水をまいてつくりはじめ、1月中旬には校庭にスケートリンクが完成して、授業がはじめられます。

　帯広市の小学校のスケート授業の歴史は、大正時代にまでさかのぼります。市内の小学校では、1923（大正12）年から昭和のはじめころまでには、校庭にリンクがつくられるようになったといいます。1937（昭和12）年には、各校で校内スケート運動会、1955（昭和30）年には十勝地域の小学生による、全十勝児童スケート選手権大会が開かれるようになりました。帯広市やその周辺の十勝地域からは、何人もオリンピック選手やメダリストが育っています。

▲ **スケートリンク作成開始** 校庭に10cmくらい雪がつもったら、雪が平らになるように除雪してからふみかためる。

▲ スケートリンク作成中　雪をかためたら、氷が同じ厚さになるように校庭に均等に水をまき、氷を平らに整えていく。

▲ スケートリンク完成
完成したスケートリンクに子どもたちが飛びだして楽しむ。

校庭にスケートリンク楽しそうだな

◀ チョマトー祭をおこなうアイヌの人たち
帯広市でアイヌの人たちがおこなうチョマトー祭とよばれる慰霊祭。帯広市では復活したアイヌ民族の儀式や行事のようすを、見学することができる。

先住民族を知るための学習

　帯広市では、バスで市内や近くの博物館などに行って、自分たちの住んでいるところについて学習する郷土体験学習をおこなっています。

　帯広市の北部には、先住民族のアイヌの人たち【➡P.40】の集落（コタン）があったこともあり、アイヌ民族の歴史や文化、食べものについても、この体験学習で学びます。市内の「帯広百年記念館」には、アイヌ民族文化情報センター「リウカ」があります。また、修学旅行では、白老町の国立アイヌ民族博物館などがある総合施設「ウポポイ」に行き、アイヌ民族の文化や歴史を学習します。

北海道の郷土料理は何？

北海道の郷土料理は何？

　北海道の郷土料理は、開拓移民たち【➡P.45】の故郷の料理がもとになっている例が多くあります。たとえば、「カスベの煮つけ」は山形県庄内地域や秋田県、「くじら汁」「たち（タラの白子）のみそ汁」は青森県、「トキシラズの焼き漬け」は新潟県の郷土料理をもとにしています。北の地方の料理が多いのは、初期の開拓者に、東北地方の人が多かったからです。また、「ルイベ」のようにアイヌ民族の料理を起源とした料理もあります。

初期開拓移民のおもな移住先

❶	会津藩士（福島県）	❻	山口藩士（山口県）
❷	仙台藩士（宮城県）	❼	加賀藩士（石川県）
❸	徳島藩士（徳島県）	❽	元武士（鳥取県）
❹	佐賀藩士（佐賀県）	❾	元武士（山形県）
❺	名古屋藩士（愛知県）		

◎1869（明治2）年～1884（明治17）年の移住者。「北海道開拓の村」調査より作成。

北海道の代表的な郷土料理

道南の郷土料理

▲くじら汁　道南地域の正月に欠かせない料理。正月が近づくと、大鍋に塩くじらと野菜を煮こんでつくり、正月の三が日に食べる。

▲松前漬　乾燥スルメイカと昆布を細切りにし、しょうゆ、酒、みりん、砂糖などで漬けた保存食。松前藩（現在の松前町）が発祥といわれている。

宗谷
留萌
留萌市
上川
オホーツク
根室
るもいし
空知
釧路
くしろ
根室市
ねむろし
後志
石狩
十勝
とかち
胆振
日高
ひだか
檜山
ひやま
渡島
おしま
松前町
まつまえちょう

道央　どうおう
道北　どうほく
道南　どうなん
道東　どうとう

道央の郷土料理

▲石狩鍋　北海道を代表する郷土料理。サケで有名な石狩川の河口にある石狩町（現在の石狩市）で生まれた漁師料理とされる。生のサケを野菜とみそで煮た鍋料理。

▲昆布巻き　江戸時代に昆布漁がさかんになると、同じころによくとれたニシンやサケを昆布で巻いた昆布巻きがつくられた。

道北の郷土料理

▲ニシン漬け 北海道でニシン漁がさかんだった江戸時代後期から明治時代、留萌地方を中心とした日本海沿岸の家庭でニシン漬けがつくられた。食料がとれない寒い冬をこすための保存方法のひとつだった。

道東の郷土料理

▲てっぽう汁 道東では、カニを入れたみそ汁のことを「てっぽう汁」とよぶ。根室地方の漁師料理で、カニのあしの食べかたが、むかしの鉄砲に弾をこめるようすに似ているのが名前の由来という。

へえー、たくさんあるしみんなおいしそう

沿岸部の郷土料理

◀ルイベ 冷凍したサケやマスなどの魚を、そのまま刺し身にした。アイヌ民族発祥の料理といわれ、おもに石狩市、函館市、釧路市に伝わる。

◀カスベの煮つけ 「カスベ」は、北海道の方言で「エイ」のことをいう。家庭でよくつくられている冬の料理。アイヌ民族は干した「カスベ」などの魚をたたいて、ゆでた野草といっしょに食べていたという。

北海道全域に伝わる郷土料理

◀トキシラズの焼き漬け 春から夏にかけての季節外れに来るシロザケのことを「トキシラズ」という。調味液に半日からひと晩漬けたものを焼く。

◀三平汁 塩漬けにしたサケやニシンなどと、ニンジンやダイコンなどを煮こむ。使う魚や味つけは地域によってちがう。

◀赤飯 北海道以外の地域では小豆を入れて赤飯を炊くが、北海道では甘納豆を入れた甘い赤飯を食べる独特の食文化がある。

◀「たち」のみそ汁 北海道では、タラの白子のことを「たち」と呼ぶ。その白子を丸ごと入れたみそ汁。

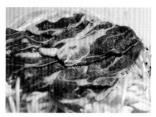

◀ジンギスカン 羊肉の焼肉料理。大正時代(1912～1926年)、羊毛を得るため羊の飼育がさかんになったころ、羊肉を食べるようになったといわれている。

◀いももち／いもだんご ジャガイモを使った料理で、場所によって「いもだんご」ともよばれる。北海道以外にもあるが、使うイモの種類やつくりかたがちがう。

27

④ 北海道の産業

北海道のおもな産業は、気候や地形をいかした農業、広い大地をかこむ海で営まれる漁業、そして地域ごとの特徴をいかした観光があります。

生産量日本一の作物は？

▲ 広がる小麦畑 北海道は日本一の小麦の生産地であり、十勝地域はその北海道で1位の生産量をあげている。

大規模で収穫量が多い農業

小麦、大豆、小豆、インゲン豆、ジャガイモ、タマネギ、アスパラガス、スイートコーン、ニンジン、カボチャ。これらは、生産量日本一の北海道の作物です。さらに、米、トマトは全国2位（2022年農林水産省調べ）。多くの作物生産量が日本一か2位という北海道は、日本の食料基地のようなところです。

北海道の面積は8万3421㎢、国土のおよそ22%にあたる広さをもっています。その広さをいかして、米の生産、畑作、酪農など、大規模で収穫量が多い農業がおこなわれています。

北海道はその広さのために、14の地域にわけられています。地域ごとに特徴ある農業をおこなっています。

📍 地域ごとの農産物の特徴

◎「北海道開発局資料」から作成

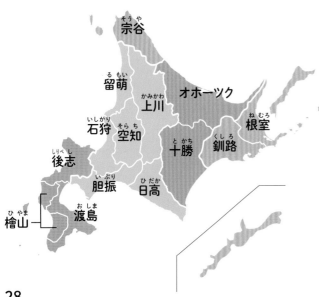

石狩・空知・上川・留萌・胆振・日高地域

米、野菜

豊富な水や温暖な夏の気候をいかして、米の産地が多くあります。また、野菜、肉牛の生産もさかんです。

釧路・根室・宗谷地域

牛乳、乳製品

すずしい気候で丘陵や湿原のある広い草地があります。それをいかして、大規模な酪農がおこなわれています。

後志・渡島・檜山地域

米、野菜、穀類、イモ類、豆類、くだもの

北海道ではもっとも温暖な気候ですが、平らな土地が少ないため、土地ごとに栽培に適した作物をつくっています。

十勝・オホーツク地域

ジャガイモ、麦類、牛乳、乳製品

広大な農地をいかした大規模で機械化された畑作がおこなわれています。また、酪農や、畜産もさかんです。

2022年のおもな作物の収穫量の北海道が占める割合
◎農林水産省の「令和4年産作物統計（2023年公開）」から作成

テンサイ

全国
354万
5000t

北海道
100%

テンサイは、ビートまたは砂糖大根ともよばれ、砂糖の原料になります。日本では北海道だけで生産されています。

小麦

都府県
38%

全国
99万
3500t

北海道
62%

日本国内の小麦の消費の多くは外国産小麦ですが、国産小麦の60％以上は北海道産になります。

ジャガイモ

都府県
19%

全国
224万
5000t

北海道
81%

北海道は、寒い気候に適したジャガイモの代表的な産地です。収穫は7月下旬からはじまります。

大豆

都府県
55%

全国
24万
2800t

北海道
45%

国内で消費される大豆の多くは海外から輸入されていますが、北海道産は味をいかした加工品の原料として使われます。

小豆

都府県
7%

全国
4万
2100t

北海道
93%

小豆は寒さに弱いですが、6月からの生育初期に梅雨がなく日照時間が長い北海道では、国内の90％以上が生産されます。

インゲン豆

都府県
5%

全国
8530t

北海道
95%

すずしい気候でも栽培できるため、古くから北海道で栽培されてきました。

コラム

北海道は米どころって本当？

　北海道で米がはじめてつくられたのは意外に古く、江戸時代中期の1692（元禄5）年までさかのぼります。ただ、きびしい寒さのなかでは、うまくつくることができませんでした。ようやく米づくりに成功したのは1873（明治6）年、近代になってからのことです。

　1980（昭和55）年になると、北海道庁がおいしい米の開発に乗り出し、2011（平成23）年、全国の米の味のコンクールで「ゆめぴりか」と「ななつぼし」が、北海道の米としてははじめての最高位「特A」をとります。以後、2023年の時点まで、13年連続で「特A」をとりつづけるまでになりました。

収穫量でも、米どころとして有名な新潟県の次に多く、北海道は新潟とならぶ日本の米どころとなりました。

2022年の日本の米の収穫量トップ10（都道府県別）

◎農林水産省「令和4年産水陸稲の収穫量」（2023年2月27日）から作成。

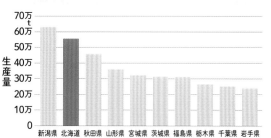

十勝の大規模農場では何がつくられている?

▲ 豆の畑 「十勝とやま農場」の畑では、輪作の豆類が栽培されていた。次の年、この畑では小麦がつくられる。

十勝地域の「畑作4品」とは?

北海道のなかでも広い平地がある十勝地域は、畑作がさかんです。特に「畑作4品」とよばれる、テンサイ(ビート)・豆類・ジャガイモ・小麦類を中心に生産しています。これらは、毎年作物を変えて4年で4品を回していく「輪作」で栽培されています。同じ作物を植えつづけると病気や害虫が発生しやすくなるので、できるかぎりそれを防ぐためのくふうです。

2021年の1農家(企業)あたり耕地面積の比較(十勝・十勝地域以外の北海道・全国)
◎北海道農政事務所「北海道農林水産統計年報・令和3年」から作成

- 十勝地域: 48.3ha
- 十勝地域以外の北海道: 34.6ha
- 全国: 4.4ha

農作業は、トラクターなどの大型機械を活用して、広い農場を少ない人数で効率よく耕し、多くの収穫量を得ています。

2022年における耕地面積の比較
◎農林水産省「作物統計調査 令和4年産市町村別データ」(2023年2月公表)から作成

全国	432万779ha
北海道全体	114万1000ha

北海道各地域		
	宗谷	6万2342ha
	上川	13万222ha
	留萌	2万5815ha
	オホーツク	16万5390ha
	根室	11万116ha
	釧路	8万8491ha
	十勝	25万4590ha
	日高	3万8750ha
	空知	11万3565ha
	胆振	3万4097ha
	石狩	4万840ha
	後志	3万4470ha
	渡島	2万4022ha
	檜山	1万8928ha

いろんな機械が大活躍！

▲ **大型機械が活躍** 広い土地を耕すには、大型機械が欠かせない。整地も耕作も収穫にも、大型機械が活躍する。

◀ **最近はドローンも活躍** 広い畑の農薬散布は、空からおこなうと効率よくできる。アメリカなどでは、飛行機で散布する農場もある。

▌十勝地域の市町村別特徴

◎帯広開発局「十勝農業の概要」(2022年11月版)から作成

陸別町
上士幌町
新得町
足寄町
鹿追町
士幌町
本別町
清水町
音更町
池田町
芽室町
浦幌町
帯広市
幕別町
豊頃町
中札内村
大樹町
更別村
広尾町

▨ 畑作が農業産出額全体の60%以上になる市町村
▨ 畑作と畜産の農業産出額がほぼ同額の市町村
▨ 畜産が農業産出額全体の60%以上になる市町村

インタビュー

広い土地を大型機械で耕作

帯広市の畑作農家
十勝とやま農場
外山聖子 さん

十勝とやま農場では、4品目を輪作でつくっています。4年から5年でひと回りするようなかたちです。農場の規模としては、帯広市でも中規模になりますが、除草や農薬散布、畑の整地、収穫などに、大型機械を6台使っています。最近は、農薬散布にドローンも使っています。作物の種類によっては使えないものもありますが、ずいぶん楽になりました。

通信販売による産地直売をしていますが、消費者と直接つながることで、いろいろ気づかせていただいています。そのことが、日々の営みにもいきてくると思っています。

（2023年6月取材）

十勝は北海道一の酪農王国

▲ 帯広市の酪農農家 背の高い大きなサイロには、乳牛の健康を保つ飼料がたくわえられている。

畑作を上回る畜産の収入

十勝地域が農業で得た収入の約60%は、畜産物でまかなわれています。日本の乳牛の主力品種のホルスタイン種は、暑さに弱く、夏の暑さに負けると乳の出が悪くなる性質をもっています。北海道のすずしい気候は、ホルスタイン種を育てるには、最適の環境のうえに、牧草や飼料用作物が育つ環境に恵まれています。その条件がそろう十勝地域は、北海道でいちばんの酪農・畜産地帯になっています。

北海道の生乳生産量は、全国1位です。なかでも十勝地域は、北海道全体の約31%、全国では約18%にあたる生乳を生産しています。酪農は、畑作とともに十勝地域の農業を代表するものになっています。

2022年の十勝地域の農業産出額

◎農林水産省の「令和3年市町村別農業産出額（推計）」（2023年3月公表）から作成

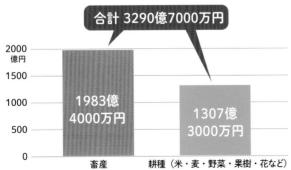

合計 3290億7000万円

- 畜産: 1983億4000万円
- 耕種（米・麦・野菜・果樹・花など）: 1307億3000万円

2022年の生乳生産量に占める北海道の割合

十勝 134万6643t（18%）

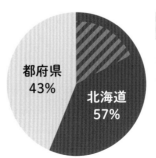

都府県 43%
北海道 57%

◎全国・北海道の生乳生産量は、農林水産省の「令和4年牛乳乳製品統計」（2023年7月公表）から作成。十勝の生乳生産量は、十勝農業協同組合連合会の「令和4年十勝畜産統計」（令和5年3月集計）の数値から作成

▲ 仲良くミルクを飲む子牛たち　右の白黒模様の子牛がホルスタイン種、乳牛ではいちばん多い種類だ。左の茶色い子牛がジャージー種で、濃い味の生乳が特徴。

▲ 自動搾乳機　機械が自動的に牛の乳をしぼる、搾乳機。牛のストレスも少ないという。

▲ 飼料をつくる機械　タンクのなかで牛の飼料を自動的にまぜ合わせる大型機械。そのまま牛舎に行き、牛たちに飼料をあたえる。

この赤ちゃん牛も1年半で親になるんだ

▲ 親の乳を飲む子牛　産まれてから間もない子牛は、飼育員から母牛の乳を飲ませてもらう。

インタビュー

ジャージー種から貴重な生乳をもらう

十勝加藤牧場
会長
加藤賢一 さん

　ジャージー種のおいしい牛乳や加工する前の生乳の味を、より多くの人に知ってもらいたい。そんな思いで牛を育て、十勝地域では最大規模のジャージー種の牧場になりました。

　ジャージー種は、生まれて15〜16か月で人工授精ができるようになります。10か月の妊娠期間がすぎると出産、生乳が出はじめます。出産から5日ほどは、生乳を出荷することはできません。5日目に検査をして、問題なければ出荷できるようになります。

　出産してから50〜60日で、また次の人工授精をおこないます。出産してから10か月間お乳をしぼったら、2か月は生乳の生産を休みます。次に産まれる子のために、親を休ませるためです。ジャージー種の貴重な生乳をもらうために、牛たちを大切に育てることは当たり前だと思っています。

（2023年6月取材）

さまざまな乳製品をつくる十勝

▲ **生乳からつくる乳製品** 酪農で生産された生乳は、牛乳を生産する工場などにおさめるだけでなく、乳製品の原料として使われる。

日本の乳製品の多くを生産

　北海道では、生乳からつくるクリーム、クリームをかきまぜてつくるバター、生乳を殺菌して加工した牛乳に乳酸菌などを加えてつくるチーズ、牛乳などに乳酸菌などや酵母を加えて発酵させたヨーグルト、牛乳を濃くした練乳など、さまざまな乳製品が生産されています。これらはすべて生乳をもとの材料としています。北海道が酪農王国といわれるのは、日本一の生産量の生乳のおかげなのです。

 インタビュー

ジャージー乳にこだわっておいしい乳製品を生産

十勝加藤牧場
ミルクセンター
乳製品製造担当
小倉佳恵 さん

　十勝加藤牧場で生産された生乳を使って、飲むヨーグルトやチーズ、アイスクリームなどの乳製品をつくっています。ジャージー種は脂肪分が高く、濃い味わいの牛乳がとれるので、乳製品からもそのおいしさをたくさん感じることができます。

　チーズは、まだゴーダチーズ一種類しかつくっていません。ゴーダチーズは、チーズづくりの基本になる種類のチーズです。これを納得いく味に完成させたとき、新しい種類に挑戦していこうと考えています。　　　　　（2023年6月取材）

管理が徹底されてるね！

◀ 乳製品の生産 いらない細菌などが入らないように、きびしく管理されたなかで乳製品はつくられている。

2022年の乳製品生産量
◎農林水産省の「令和4年牛乳乳製品統計」（2023年7月公表）から作成

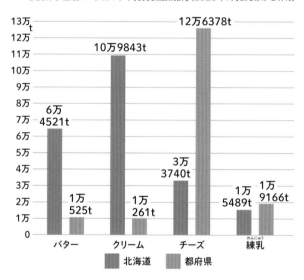

（縦軸）13万t 〜 0

- バター：6万4521t（北海道）、1万525t（都府県）
- クリーム：10万9843t（北海道）、1万261t（都府県）
- チーズ：12万6378t（北海道）、3万3740t（都府県）
- 練乳：1万5489t（北海道）、1万9166t（都府県）

■ 北海道　■ 都府県

▲ 乳製品工場 牧場のなかにつくられた乳製品の工場「ミルクセンター」。十勝加藤牧場自慢のジャージー種の乳製品がここから生まれる。

━ コラム ━

北海道の畜産

　十勝地域の肉用牛は、畑作、酪農の次にさかんな産業で、「十勝和牛」、「いけだ牛」はじめ、ブランド化がすすんでいます。豚肉は、むかしから十勝地域で食べられていました。帯広市を中心に「豚丼」が郷土料理として有名です。

　羊肉は、北海道が全国の約80％を生産しています。なかでも十勝地域は、北海道内の主要な産地になっています。また、とり肉は、新得町の新たな特産品としてブランド化をすすめています。

◀ 羊の生産 洋服の材料、羊毛をとるために飼育されはじめた羊だが、いまでは、ジンギスカンをはじめ食材としての人気が高くなっている。

北海道にはなぜ おいしい魚介類が多い?

栄養豊富な海にかこまれた北海道

北海道には、おいしい魚介類が多いと、よくいわれます。それはなぜでしょうか。

北海道は、海にかこまれた大きな島です。太平洋の沖には栄養分の多い海流の親潮が流れ、魚のエサとなるプランクトンが多くいます。そこで、サケ、マス、サンマ、タラなど寒流を好む魚が集まり、良い漁場となっています。オホーツク海には冬になるとロシア連邦から流氷が流れてきます。流氷もたくさんの栄養分を運んでくるのです。

北海道の魚は、これらの栄養分の多い海でエサをたくさん食べて育ち、冷たい水で身がしまっているほか、冬や産卵に向けて脂肪をたくわえるのでおいしいといわれています。

そのため漁業がさかんで、日本でとれる魚介類（養殖はふくまない）の約30%を北海道でとっています（農林水産省「令和3年海面漁業生産統計調査」より）。

🖊 北海道の海産物ととれるところ

◎北海道漁業協同組合連合会ホームページ「北海道のさかな　漁獲エリア」から作成
北海道の地域別に、とれる魚介類、海藻の代表的な種類をとりあげた。近年は地球温暖化のためなのか、いままでとれなかった魚がとれたり、とれる量に変化が出ている。まだ、とれる量や場所が安定していないため、ここには新しい種類を掲載していない。

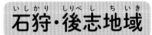

石狩・後志地域

甘エビ　イカ　ウニ　カキ
カレイ　サケ　シャコ　スケトウダラ
ニシン　ヒラメ　ホッケ　ワカサギ

道央　道北
道南　道東

宗谷　留萌　石狩　後志　胆振　檜山　渡島

檜山地域

アワビ　イカ　サクラマス　サケ
スケトウダラ　ヒラメ　ベニズワイガニ　ホッケ

渡島地域

アワビ　イカ　ウニ　カキ　ゴッコ　昆布
スケトウダラ　サケ　ホタテ貝　ボタンエビ　マグロ

宗谷地域（そうやちいき）

 イカ ウニ 毛ガニ 昆布（こんぶ） スケトウダラ サケ

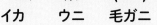 ナマコ ニシン ホタテ貝 ホッキ貝 ホッケ

留萌地域（るもいちいき）

 甘エビ（あま） カレイ サケ シジミ タコ

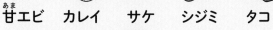 ナマコ ニシン ヒラメ

オホーツク海

オホーツク

根室（ねむろ）

十勝（とかち）

釧路（くしろ）

日高（ひだか）

親潮（おやしお）（寒流）

胆振地域（いぶりちいき）

 毛ガニ サケ シシャモ スケトウダラ

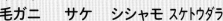 ホタテ貝 ホッキ貝 ハタハタ ヒメマス

オホーツク地域（ちいき）

 カキ カラフトマス キンキ 毛ガニ

 サケ シジミ ズワイガニ ニシン

 ホタテ貝 ホッカイシマエビ ホッケ ワカサギ

根室地域（ねむろちいき）

 アサリ ウニ コマイ 昆布（こんぶ）

 サケ サンマ スケトウダラ タラ

 ハナサキガニ ホタテ貝 ホッカイシマエビ ホッケ

日高地域（ひだかちいき）

 イカ 毛ガニ 昆布（こんぶ）

 サケ シシャモ タコ

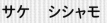 ツブ貝 ハタハタ ホッキ貝

釧路・十勝地域（くしろ・とかちちいき）

 アサリ カキ 毛ガニ

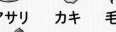 昆布（こんぶ） サケ サンマ

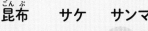 シシャモ スケトウダラ タラ

 ツブ貝 ハタハタ ヒメマス

 ワカサギ

④北海道の産業

37

観光客が北海道を訪れる理由

スケールの大きい大自然が観光資源

2003（平成15）年に、観光立国※をめざす日本政府が「ビジット・ジャパン・キャンペーン」をはじめた翌年、北海道を訪れた観光客は年間約4800万人でした。その後、2010（平成22）年にはじめて5000万人に達して以来、観光地として安定した人気をたもちつづけています。

観光客が北海道に感じる魅力のひとつに、本州では体験できないスケールの自然があげられます。たとえば2005年に北海道ではじめて世界自然遺産に登録された知床半島には、ヒグマやキタキツネ、エゾシカ、ワシ、タカなどの鳥類、クジラやアザラシなど海のほ乳類、魚介類、めずらしい植物など、海と陸のさまざまな生きものが生息しています。

また、先住民であるアイヌの芸能文化や伝統芸能、世界文化遺産に登録された縄文遺跡なども多くの人をひきつけています。

※観光産業を国の重要な産業のひとつとした国。

北海道の世界自然遺産「知床」および文化遺産「北海道・北東北の縄文遺跡群」

知床
高砂貝塚
キウス周堤墓群
入江貝塚
北黄金貝塚
大船遺跡
垣ノ島遺跡

安定して人気だね！

北海道を訪れた観光客の推移

◎北海道経済部観光振興課発表の「北海道観光入込客数調査報告書（平成16年度〜令和3年度）」から作成。

年度	外国人観光客	北海道外の日本人観光客	北海道内観光客
2004	43万人	589万人	4207万人
2005	51万人	584万人	4178万人
2006	59万人	600万人	4250万人
2007	71万人	578万人	4309万人
2008	69万人	559万人	4079万人
2009	68万人	529万人	4085万人
2010	74万人	521万人	4532万人
2011	57万人	487万人	4068万人
2012	79万人	544万人	4475万人
2013	115万人	565万人	4629万人
2014	154万人	569万人	4654万人
2015	208万人	577万人	4693万人
2016	230万人	594万人	4642万人
2017	279万人	606万人	4725万人
2018	312万人	607万人	4601万人
2019	244万人	592万人	4441万人
2020	0人	215万人	3123万人
2021	0人	261万人	3234万人

外国人観光客　北海道外の日本人観光客　北海道内観光客

▲ **外国人旅行者に人気のニセコ** 近年、外国人むけの宿泊施設が増えている。千歳空港から近く、スキーに適したさらさらの雪が人気の理由。

寒さを逆手にとった観光

北海道の観光を代表する冬のイベントに「さっぽろ雪まつり」があります。2023（令和5）年2月4日〜11日には、第73回が開催され、8日間で約175万人を動員しました。オホーツク海の名物・流氷の季節に網走市で開催される「あばしりオホーツク流氷まつり」や、日本一寒い陸別町でおこなわれる「しばれフェスティバル」など、冬の寒さを逆手にとったイベントもさかんです。また、近年はニセコやルスツなど、ヨーロッパの人々やアメリカ人、オーストラリア人のスキーヤーに知られる新たな観光地も生まれています。

▲ **あばしりオホーツク流氷まつり** 網走市に流氷が接岸する2月に開催される。2023年で58回目を迎えた。

39

⑤ 北海道の歴史

北海道には、ふたつの歴史の流れがあります。古くから住んでいた先住民族のアイヌの歴史と、明治以降に北海道を開拓した和人の歴史です。

いま北海道に住む
先住民族アイヌとは?

▲ **コタン** 日高地域の平取町立二風谷アイヌ文化博物館に再現された「コタン」。アイヌ語で集落をコタンという。

アイヌ民族の歴史といま

北海道と樺太（サハリン）、千島列島、本州北部には、独自のことばと文化を持つアイヌ民族が、和人（本州以南から来た人のこと）やロシア人よりも前から住んでいました。

北海道では、いまから1万年から2000年ほど前までが縄文時代といわれています。その縄文時代の人たちが、アイヌ民族の祖先といわれています。次に、いまから1500年ほど前から800年ほど前を擦文時代といい、この時代にはだんだん石器も使われなくなりました。

そして、いまから800年ほど前から百数十年前までを、アイヌ文化の時代とい

います。石器も土器も使わなくなり、和人からいろいろなものを手に入れています。また、和人との争いもおきています。

明治時代には、多くの和人がアイヌ民族の土地に移りすみ、狩りや漁が中心の生活を農業中心に変えさせられました。また、教育の場などでアイヌ語の使用が禁じられ、日本語を強制されました。

1997(平成9)年、いわゆるアイヌ文化振興法を経ると、2019(令和元)年、アイヌの人々を先住民族と規定した新しい法律を施行。福祉や文化、地域や産業、観光の振興まで、はばひろい対策をおこなうことにしました。しかし、誤った認識などから、いまもアイヌの人々に対する差別や偏見は残されています。

▲ **アイヌの伝承地** 北海道にはアイヌの人々がたいせつにする場所がたくさんある。カムイ（神）が弓で山を射抜いたというオプシヌプリは、二風谷にいまも残る。

▶ **儀礼の熊** 国立アイヌ民族博物館に展示されている樺太アイヌの儀礼の熊。熊の霊送りの儀礼では、子熊をきれいに飾りつけてその魂をカムイの世界に送る。

アイヌ民族の歴史

古代	1087年（寛治元年）ころ	平泉（岩手県）の藤原氏が北海道と交易をおこなう。
中世	1264年（文永元年）	アイヌ民族とモンゴルが戦う。
中世	1457年（長禄元年）	コシャマインの戦い。和人の圧迫に対して各地のアイヌ地域集団が戦いをおこす。これ以後約100年間、アイヌ民族は和人と何度も戦う。
近世	1604年（慶長9年）	渡島半島南部に松前藩ができ、アイヌ民族との交易を独占。
近世	1669年（寛文9年）	シャクシャインの戦い。和人中心の交易をおこなう松前藩に対して、アイヌが戦いをおこす。
近現代	1899年（明治32年）	アイヌの人々を日本国民に同化させるための北海道旧土人保護法を制定。
近現代	1997年（平成9年）	アイヌ文化振興法（通称）制定。
近現代	2019年（令和元年）	「アイヌの人々の誇りが尊重される社会を実現するための施策の推進に関する法律」を施行。
近現代	2020年（令和2年）	国立アイヌ民族博物館などをそなえた「民族共生象徴空間」（愛称：ウポポイ）が開業。

▶ **お盆の「イタ」** 古くから食べ物を盛るものとして生活のなかで使われた「イタ」。美しい模様から、工芸品として和人にも重宝された。

◀ **器のヤラニマ** かばの木や桜の木の皮などでつくられた器。

アイヌ民族の文化を知ろう

▶ **カパリミ** 儀式などで着る衣装。着物の文様やその刺しゅうの方法は地方によって特徴があり、文様を見るとどこの地方の着物であるか、あるいは着物をつくった女性の出身地がだいたいわかるという。

アイヌ民族の精神と生活

　アイヌの人たちは、動物や植物、火や水などのほか、うすやきねといった生活用具や、病気など人間の力ではどうすることもできないものを「カムイ（神）」としてうやまいました。自分たちがつくった道具なども、カムイが姿を変えたものだと考え、たいせつに使いました。

　衣服は、クマやシカなどの動物や、魚、鳥の皮、木の内側の皮や草のせんいなど、身近な材料を使って、それぞれの地域に合った服をつくってきました。

　ふだんの食事は朝と夕方の2回で、塩や動物の油で味つけをした汁物と、おかゆが中心でした。材料は、野山で狩りをしたり木の実や山菜をとったり、川や海で魚や貝をとりました。そのときも、次にくるときのために残したり、食べるぶんだけとったりしていました。畑作もおこない、アワ、ヒエ、キビなどの穀物も古くからつくってきました。

▲ **サケをとるアイヌ** 長い棒の先に曲げた銛をつけ、それにサケを引っかけてとる。少ししかとれないが、食べるぶんだけでよかったので、これでじゅうぶんだった。『蝦夷島奇観写本』（帯広百年記念館所蔵）より「マレク（突き鈎）漁」の絵。

▶ **カムイノミ** 健康や安全、家や舟をつくるときなど、人々が生活する上で必要なことを神（カムイ）に祈る儀式。

アイヌ文化とは?

　いまに伝わるアイヌ民族の文化には、どのようなものがあるでしょうか。

　まずは、歌とおどりがあります。むかしは、儀式のときや親しい人たちが集まったときに、歌ったりおどったりしました。仕事をしながら歌うこともありました。ムックリやトンコリという独自の楽器も生まれています。

　長い時間をかけて受けついできた文化の一つに、「口承文芸」があります。文字で書かれたものを読むのではなく、語り手の話を聞いて楽しむものです。木の棒で、いろりの縁をたたいてリズムをとりながら、節をつけて語るものもあります。終えるまでに何日もかかるような長い物語もあります。

▲ **ポロリムセ（輪おどり）** アイヌの人々は、日々の生活のなかで歌いおどった。儀式のとき、労働しているとき、あるいは悲しみや恋心の感情を表すときも歌いおどった。

▶ **ムックリの演奏** ムックリは竹でつくった楽器で、おもに独奏用の楽器。竹の振動を口のなかでひびかせて音を出す。口の開けかたでさまざまな音が出る。

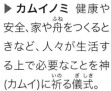

江戸時代の北海道と北海道開拓

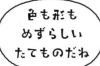

▶ 旧開拓使札幌本庁舎
1873（明治6）年、開拓使札幌本庁舎が完成。北海道開拓のシンボルになった。

色も形も
めずらしい
たてものだね

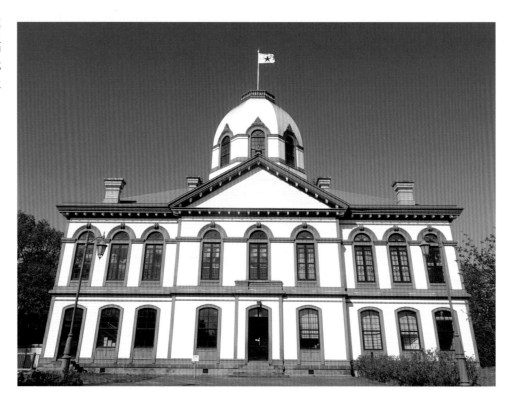

松前藩士の生活を支えた交易

1604（慶長9）年、松前藩ができると、江戸幕府はアイヌ民族との交易の独占権を松前藩にあたえます。松前に来た商人たちはニシン、昆布、干しアワビなど北海道の産物を本州で売り、呉服・米・みそ・しょうゆ・漁の道具などを松前で売って、税金を松前藩におさめました。当時の北海道は米がとれなかったため、交易が松前藩の財政や家臣の生活を支えていたのです。しかし、アイヌとの商売では松前藩の家臣や商人が不正を働き、それがもとでアイヌとの戦いがたびたびおきています。

江戸時代の終わりごろ、ロシア船など外国の船が北海道にやってくるようになり、日本との交易を求めて江戸幕府に港の開放を要求します。諸外国の圧力に負けた幕府は、1854（嘉永7）年に箱館（函館）を開港しました。

▲ 開拓小屋　明治時代に、移住者が最初にたてた住居を再現したもの。丸太の柱、笹や茅などでふいた屋根や壁、出入り口と窓にはワラの敷物のムシロをさげている。

44

北海道の近代化と移住

　明治時代になると、明治政府は北海道の本格的な開拓をはじめます。政府は開拓のため、国民に移住をすすめました。初期の移住者の多くは武士たちでした。明治維新で新政府と対立し、領地を失った東北地方の武士たちが多数移住します。

　まもなく武士という職業がなくなり、失業した元武士たちが移住をします。元武士のなかには、ロシア帝国の進出を防ぐ国防と開拓を兼ねた「屯田兵」として移住した人も多くいました。また、会社や宗教団体、農民の団体移住などもおこなわれ、もっとも多かったのは単独の農民移住でした。移住者たちによる開拓は、現在の大規模農業や、北海道に合った作物の種類の開発につながっていきます。

　太平洋戦争最後の年、1945（昭和

▲ 旧納内屯田兵屋　1875（明治8）年にはじまった屯田兵は、家族とともに兵村でくらし、北方警備と農業開拓についた。空知・上川・北見地域など北の内陸部に屯田兵村がつくられていった。

◀ 旧信濃神社
長野県諏訪地域の出身者が多かった現在の札幌市厚別では、開拓に成功して神社をたて、信濃神社と名づけて故郷をしのんだ。

20）年になると日本各地への空襲がはげしくなり、家や仕事を失った人たちの北海道移住が増えました。戦後は日本全体で食料が不足したため、北海道でまだ開拓されていない土地を、移住者たちが農地として開いてきました。

北海道開拓の歴史　◎「北海道開拓の村」制作の「北海道開拓の歴史と年表」から作成

年号	できごと	解説
1869年（明治2年）	7月：開拓使を設置／8月：蝦夷地を北海道と改称し11国86郡を置く。	
1871年（明治4年）	5月：札幌に開拓使庁を置く。	開拓使は、国の政策をおこなう中央官庁であると同時に、北海道や北方領土の行政を担当した。
1872年（明治5年）	1月：開拓使、10年間の開拓計画を決定（開拓使十年計画）。	
1875年（明治8年）	5月：宮城・青森・酒田3県と北海道内から、最初の屯田兵198戸965人が琴似に入る。	1899（明治32）年までに、道内各地に37隊を配置。家族を合わせると約4万人が移住。
1876年（明治9年）	8月：札幌農学校の開校式（教頭：W.S.クラーク氏）。	
1880年（明治13年）	11月：手宮一札幌間に鉄道開通。道内初。	
1882年（明治15年）	2月：開拓使を廃止、函館・札幌・根室の3県設置。	
1886年（明治19年）	1月：北海道庁を設置。	3県と北海道事業管理局を廃止。
1900年（明治33年）	農業生産額が漁業生産額をはじめて上回る。	内陸の開拓が進行した。
1901年（明治34年）	北海道内人口100万人をこえる。	
1904年（明治37年）	9月：屯田兵制度が廃止される。	日露戦争がはじまったころ、屯田兵に現役の兵士がいなくなったのを機に廃止。
1908年（明治41年）	3月：国有鉄道、青函連絡船の営業を開始。	青函連絡船は、北海道の函館駅と青森県の青森駅とを結んだ。
1910年（明治43年）	4月：北海道拓殖事業15年計画（北海道第一期拓殖計画）開始。	国力を充実させるために国の政策としてはじめた北海道開発計画。
1927年（昭和2年）	北海道庁、北海道第二期拓殖計画（20年間）に着手。	太平洋戦争中・戦後は疎開や戦災への対策が優先され、開拓はくじけた。

調べてみよう・訪ねてみよう

北海道に行ったら訪ねてみよう。北海道のいろいろなことがわかるよ。

帯広百年記念館（おび ひろひゃくねん き ねんかん）

十勝（とかち）の歴史（れきし）・産業・自然が学べる博物館。館内に設置されたアイヌ民族文化情報センター「リウカ」では、アイヌ民族の文化や歴史（れきし）を学習することができる。

アイヌ文化（ぶんか）とのふれあいゾーン

帯広百年記念館（おびひろひゃくねん き ねんかん）がたつ帯広市緑ヶ丘公園（こうえん）内には、「アイヌ文化とのふれあいゾーン」があり、アイヌとかかわりがある動物が生きる姿（すがた）を観察できる「おびひろ動物園」、アイヌ民族の植物の利用について知ることができる「帯広（おびひろ）市野草園（し や そうえん）」がある。

北海道開拓（ほっかい どうかいたく）の村（むら）

明治から昭和初期にかけて建築（けんちく）された北海道各地の建造物（ぞうぶつ）を、54.2haの敷地（し きち い）に移築、あるいは復元（ふくげん）や再現（さいげん）をした野外博物館。

● 監修

長谷川直子
はせがわなおこ
お茶の水女子大学文教育学部人文科学科地理学コース准教授。研究のかたわら、地理学のおもしろさを伝えるべく活動中。

山本健太
やまもとけんた
國學院大學経済学部経済学科教授。地域の伝統や文化と、経済や産業の関係について研究をしている。

宇根 寛
うねひろし
明治大学、早稲田大学、日本大学、青山学院大学、お茶の水女子大学非常勤講師。国土地理院地理地殻活動研究センター長などをつとめたのち、現職。専門は地形。

● 編集
牧一彦、籔下純子

● 装丁・デザイン・イラスト・図版
本多翔
平田ことこ(P.36～37 魚介類イラスト)

● 執筆
牧一彦

● 写真
宮下正寛

● たてものイラスト
サンズイデザイン

● 校正
水上睦男

寒い土地へ遊びにおいで！

● 監修協力
平尾正樹(日本気象株式会社)

● 取材協力
東耕平(北海道総務部危機対策局危機対策課)／大久保由美(国土交通省北海道開発局開発監理部)／大廣兼司(北海道経済部観光局)／帯広市教育委員会／国立アイヌ民族博物館／貝澤ユリ子／佐々木智和(北海道建設部住宅局建築指導課)／十勝加藤牧場／十勝とやま農場／平取町立二風谷アイヌ文化博物館／細川健裕(北海道開拓の村)

● 写真協力
網走観光協会(表紙・P.4)／NPO法人北海道遺産協議会(P.9格子状防風林)／洞爺湖有珠山ジオパーク(P.12有珠山噴火・減災教育)／札幌市(P.12崩れた山)／シン技術コンサル(P.12竜巻)／鶴田孝介(P.14・16・40・41儀礼の熊・P.43ムックリ)／旭岳ビジターセンター(P.15エゾナキウサギ)／サホロリゾート ベア・マウンテン(P.15エゾヒグマ)／札幌市円山動物園(P.15エゾリス)／倶知安風土館(P.15エゾシマリス)／広島市安佐動物公園(P.15ニホンイノシシ・ニホンカモシカ・ニホンツキノワグマ・ニホンノウサギ)／神戸どうぶつ王国(P.15ニホンリス)／釧路市動物園(P.15ニホンザル)／北海道開拓の村(P.17・44・45)／中村工務店(P.18風除室)／堀田貞雄(P.18・19建物全景)／小倉寛征・エスエーデザインオフィス一級建築士事務所(P.18床下暖房・P.19)／浅利裕伸(P.20・21浅利裕伸)／中村眞樹子(P.21カラス)／北海道中央バス株式会社(P.23)／利尻島観光ポータルサイト(P.23)／帯広アイヌ協会(P.25チョマトー祭)／農林水産省(P.26・27)／おいしい函館(P.26くじら汁)／ニセコリゾート観光協会(P.39)／平取町立二風谷アイヌ文化博物館(P.41イタ・ヤㇻニマ・P.42カパリミㇷ゚)／牧一彦(P.41上)／帯広百年記念館 アイヌ民族文化情報センター「リウカ」(P.42サケをとるアイヌ・P.43ポロリムセ)／阿寒アイヌ工芸協同組合(P.43カムイノミ)

● 図版協力
千秋社(P.7・10・23・38)／山本健太(P.8～9・23)／国土交通省北海道開発局開発監理部(P.29)／帯広開発建設部(P.31)

● 参考
『はじめての動物地理学　なぜ北海道にヒグマで、本州はツキノワグマなの?』(増田隆一著・岩波ジュニアスタートブックス, 2022)
『アイヌ民族：歴史と現在───未来を共に生きるために〈改訂版〉』(公益財団法人アイヌ民族文化財団編・公益財団法人アイヌ民族文化財団発行,2023年9月)

現地取材！日本の国土と人々のくらし②
寒い土地のくらし 北海道
発行 2023年11月 第1刷

監 修 長谷川直子 山本健太 宇根 寛
発行者 千葉 均
編 集 崎山貴弘
発行所 株式会社ポプラ社
〒102-8519 東京都千代田区麹町4-2-6
ホームページ www.poplar.co.jp
kodomottolab.poplar.co.jp(こどもっとラボ)
印刷・製本 図書印刷株式会社

あそびをもっと、まなびをもっと。
?!
こどもっとラボ

現地取材！ 日本の国土と人々のくらし ―全8巻―

① あたたかい土地のくらし 沖縄県
監修／長谷川直子　山本健太

② 寒い土地のくらし 北海道
監修／長谷川直子　山本健太　宇根 寛

③ 雪国のくらし 新潟県十日町市・秋田県横手市
監修／長谷川直子　山本健太

④ 低い土地のくらし 岐阜県海津市・千葉県香取市
監修／長谷川直子　山本健太　宇根 寛

⑤ 高い土地のくらし 群馬県嬬恋村・長野県野辺山原
監修／長谷川直子　山本健太　宇根 寛

⑥ 山地のくらし 長野県飯田市
監修／長谷川直子　山本健太　宇根 寛

⑦ 火山とシラス台地のくらし 鹿児島県桜島・笠野原
監修／長谷川直子　山本健太　宇根 寛

⑧ 国境のくらし 長崎県対馬市
監修／長谷川直子　山本健太　宇根 寛

小学校高学年以上

N.D.C.291／A4変型判／各47ページ／オールカラー
図書館用特別堅牢製本図書

日本のさまざまな地形

地形とくらし

人工衛星から見た地球は丸いボールのようですが、わたしたち人間の目で見ると、地球の表面はなめらかではなく、海や山や谷など凹凸があります。この地形が、気候やわたしたちのくらしに大きなかかわりをもっています。

日本の国土は、山が多く、火山も多くあります。山地は日本列島を南北に背骨のように連なり、平地は少ないのが特徴です。そのため、地域によって気候が変わり、人びとのくらしぶりにも変化をもたらせたのです。

さまざまな地形

山地	標高が高く、山が集まっている地形。山地には、山脈、高地、高原、丘陵、火山などがある。
山脈	山が連続して、細長く連なっている山地。
高地	標高が高く、高低差がそれほど大きくないところ。
高原	標高の高いところに、平らに広がっている土地。
丘陵	低地の周辺にあり、標高がそれほど高くない場所。
火山	地下のマグマが、噴きだしてできた山。

平地	地面の凹凸が少なく、平らな土地。平地には、平野、盆地、台地、低い土地がある。
平野	河川の下流にある平地で、海面より高さが低い土地もある。
盆地	周囲を山にかこまれている平らな場所。
台地	平地の中で、台のように高く平らになっている土地。

大阪平野

飛驒山脈 ▶6巻

木曽山脈 ▶6巻

中国山地　　播磨平野

筑紫山地

筑紫平野

九州山地

紀伊山地

桜島 ▶7巻

四国山地

濃尾平野 ▶4巻

伊那山地

牧ノ原 ▶7巻

宮崎平野

笠野原 ▶7巻

赤石山脈 ▶6巻